PAIS

Cosas de aquí

Qué pasaría si...

MEJOR, SENCILLO, MÁS JUSTO, MENOS COSTOSO

Bienestar social y sentido común

Otro día más amaneció lloviendo, podría decirse que nunca dejó de hacerlo. En aquella aldea había tres cosas seguras, la lluvia, la soledad y el silencio....Así que empecé a escribir..........

INTRODUCCIÓN

Permítaseme que para evitar que nadie se ofenda es muy conveniente dejar bien claro que todas las opiniones, ideas, conceptos, barbaridades, incongruencias y otras incalificables......aquí vertidas se refieren a un país imaginario y nunca, nunca jamás al que algunos temeraria y precipitadamente suponen.

Dicho esto voy a empezar......

NOTA: si no gustase el orden propuesto de lectura cada cual puede seguir el que se le antoje, a mí me va a dar lo mismo y tampoco voy a estar delante para ver qué orden se sigue.

Si tampoco fuese de su agrado los temas propuestos y le apeteciese otros, solo tiene que detallarlos y escribir su propio libro.

DEDICADO a la mediocridad, la avaricia, la falta de escrúpulos, la inmoralidad de ciertos personajes, pues gracias a ellos he podido escribir estas líneas, me han motivado e inspirado.

Gracias de corazón, ayudáis a pasar el rato

UN PAIS

Digamos que un País, normalmente, se corresponde a una zona geográfic
bien delimitada, con unas costumbres más o menos parecidas en todas la
partes que la componen, con una o varias lenguas según quien defina
concepto de País.

A esto se ha llegado a base de años, de guerras, de asesinatos, intrigas
intereses de terceros, por eso algunos quieren volver hacia atrás en est
proceso, mintiendo según les convenga y reescribiendo la historia, y otros
más pragmáticos creen que la solución es avanzar, difuminando los limite
creando áreas mayores para hacer olvidar el pasado y desenredar l
madeja.

Una vez establecido el País, lo normal es, como si fuese un juego o un
competición dictar las reglas y normas de funcionamiento, a eso le llaman...

LA FORMA DEL ESTADO

Primero debiera decir que la palabra Estado no me agrada aunque a vece
venga bien mencionarla, me suena a estado de buena esperanza, por tant
embarazoso, también es rimbombante, el estado de cuentas, el estado d
salud, estado civil….., mejor PAÍS.

Unos se dicen República, otros Monarquía, a veces se añade el términ
democrático, constitucional, federal, independiente, el del modelo religios
reinante o conveniente, o lo que se le ocurra al iluminado de costumbre.

A modo particular diré que yo no me siento ni vasallo, ni súbdito de nadie
por tanto, claramente el sistema de Monarquía pues como que no.

Es bien sabido que puede heredar una enfermedad genética y la fortuna
pero no la inteligencia, ni la diligencia, ni la capacidad de trabajo, ni l
lealtad, ni la dignidad, ni el respeto, ni la honradez, ni la decencia, menos
aún un país y sus ciudadanos. "Heredar un País", "ANDA YA ".

Sin embargo hay científicos, juristas, banqueros, personas cultas
preparadas, políticos, que defienden estos, "ANDA YA" a ver si es porque le
interesa.

Lo más fácil de heredar es la pobreza, la injusticia y la opresión. El respet
no es gratis, hay que merecerlo, con las ideas y las acciones. No todas la
ideas son respetables, solo aquellas que lo merecen, "verdad Adolfo".

Los apellidos en las definiciones tampoco me inspiran confianza, se usan para disimular, engañar o conformar a ilusos.

LA CONSTITUCION

Es un asunto muy serio, se trata de la relación de las normas de convivencia, que han der ser justas para poder permitir convivir en armonía a los ciudadanos del supuesto País.

También en ella se reflejan la forma y definición del País y otros conceptos varios.

Lo lógico es que en la redacción de estas normas participasen todos los sectores de la sociedad, amas de casa, catedráticos, albañiles, jueces, camioneros, deportistas, empresarios, etc.

Pues no, los listos de siempre imponen quien va redactarla y se encargan de que lo hagan en beneficio de los listos de siempre, y aprovechando la ocasión, los que la redactan se encargan también de hacerlo en beneficio propio.

Los listos de siempre son los que tienen la pasta y por tanto el poder, los políticos del momento, grupos de presión, sectas religiosas, grupos sociales con privilegios que quieren mantener, etc. y los otros suelen ser otros políticos o apéndices de los primeros, a veces uno de los problemas es que lo segundos quieren pasar a ser parte del grupo de los primeros, pues ansían la pasta y poder.

Por todo ello, los redactores se encargan que quedo todo muy bien fijado, de forma que sea casi imposible, por no decir imposible del todo cambiar cualquier termino de las mismas normas si no les conviene, incluyendo obstáculos y artimañas jurídico-legales para evitarlo.

Algunos conceptos que deberían corregirse en casi todas las constituciones son por ejemplo:

Los del tipo de que todos los ciudadanos son iguales ante la ley, tienen los mismos derechos, igualdad de oportunidades, derecho a una vida digna, una vivienda digna, y demás bromas, deberían cambiarse por "todos los ciudadanos que tengan la misma pasta tendrán los mismos derechos, etc.,

Lo de ser iguales ante la Ley en algunos países es algo gracioso, debería ser, cada ciudadano podrá tener derecho a la Justicia que pueda pagarse.

Para la vivienda, la que te puedas pagar. No se trata que te regalen una casa, pero sí de que esta cueste y valga lo justo, sin especuladores, prestamos abusivos, sobrecostos artificiales, intermediaros impuestos, y otras componendas que todos hemos sufrido, al final resulta que le pagas una señora casa a otros y tú te tienes que conformar en vivir en 50 o 80 metros cuadrados, o pagar un alquiler a alguno de los que otros les han pagado la casa o casas.

En esta CONSTITUCIÓN deben reflejarse algunos conceptos como son:

Austeridad, reducción de gasto, el ahorra para cuando sea necesario, las prioridades como la educación, la justicia, la salud, la investigación, la libertad de expresión y reunión, el derecho de cada ciudadano a pedir y que se muestren cualquier dato de la Administración, hay que recordar que es pública y no privada, por tanto transparencia.

La prioridad en el gasto, no se puede mantener una autovía con baches, o sin terminar, críos al sol en los recreos en los patios de los colegios, listas de espera en Sanidad y mientras tanto permitir pagos para que se difundan ideas religiosas, poner rotondas inútiles con costosísimas, estrafalarias y horribles esculturas, luminarias grandiosas en costo y duración en Navidad, financiar a grupos que ayudan a los traficantes de personas a culminar su delito dañando a la sociedad que les ayuda.

Debe ponerse en mayúsculas, casi con letras de oro

"LO PRIMERO ES LO PRIMERO", Asuntos como la conservación y defensa de la Naturaleza, recuperar los daños producidos en la misma, comer todos todos los días, simple, abogar por mejorar y aumentar la calidad de vida de los ciudadanos.

REPRESENTANTES

Como sería imposible reunirse los millones de personas que componen un País para tomar cualquier tipo de decisión o dictar una norma de convivencia y que además se pusieran de acuerdo es por lo que en todas las partes digamos que civilizadas, (en las otras el sistema es más sencillo) se utiliza algún sistema de representación/delegación.

Resulta primordial y de vital importancia el sistema de elección de estos representantes, no se puede dejar en manos interesadas como ocurre en todos los países, deben implantarse un sistema que permita a cualquiera que quiera representar a sus conciudadanos poder hacerlo, es sencillo, basta con dotar de los mismos medios a todos y a cada uno de ellos, y controlar su gasto.

Para ello y por practicidad, aquellos ciudadanos con ideas y voluntad similares pueden reunirse en lo que se podría llamar agrupaciones electorales, más comúnmente conocidos como PARTIDOS. Basta decir que a esto se viene por el interés común y no por el propio, se viene a servir y no a servirse, no habrá chollos, ni concesiones, ni nada que les haga ser más o tener más ventajas que el resto de los ciudadanos, nada de aforamientos, ni privilegios, ni de inmunidad judicial, ni consolidar jubilaciones máximas, ni pago de gastos particulares, quien está en política es porque quiere, a nadie obligan, como en cualquier empresa tendrían derecho al pago de los gastos que se hagan en nombre o por cuenta de la empresa, si uno se quiere mudar a otra ciudad se paga el alquiler o compra de un piso y cuando se acaba el mandato a su trabajo anterior o a la oficina de paro como los demás.

Por otra parte nada de personal de confianza, cada partido paga sus asesores y en cuanto la organización del País, este tiene sus funcionarios de carrera y de ellos debe surtirse y servirse cada político para su correspondiente departamento.

Sería conveniente crear una Escuela Superior de Gestión y Administración Pública, de grado superior, con requisito para entrar en ella de tener un grado o licenciatura universitaria, con posteriores prácticas en Ayuntamientos, Ministerios, y distintas administraciones.

Como el sueldo será suficientemente atractivo no faltaran voluntarios.

Es Bueno que las normas, leyes, edictos, decretos o como queramos llamarle se realicen en dos Cámaras, que se controlaran una a la otra para mayor seguridad.

La primera la llamaré CAMARA GENERAL, por economía y porque no es necesario más tendrá **CIEN** componentes.

La forma de elección en sencilla, como es Cámara de representación del País, la circunscripción es única, todos los ciudadanos del país con derecho a voto.

Se votará al nombre de la agrupación electoral o partido. Cada uno de ellos tendrá la obligación de hacer pública la lista de los cien componentes y que orden ocupa cada componente en la misma, también harán público un breve Currículum de cada uno de ellos, posteriormente y sólo de los elegidos se hará público su patrimonio personal, tanto al tomar posesión del puesto como posteriormente al cesar en el mismo.

Una vez escrutados los votos, si por ejemplo ha ejercido su derecho al voto el 72,53 % de los electores, la CÁMARA solo tendrá 72 representantes más 1 por redondeo, que se hará siempre por arriba.

Estas 73 plazas se cubrirán proporcionalmente a los votos conseguidos, un % de votos da derecho al mismo % de representantes.

Pues no debe olvidarse, ni menospreciar a ningún ciudadano, todos los votos valen igual, independientemente de donde se viva, es la primera norma para una convivencia en paz, la no discriminación.

Así se evitaría como pasa en algunos sitios que por ejemplo un partido con el 25 % de los votos tiene el 30 % de los representantes, mientras otro, con más porcentaje tiene menos representantes, a que viene eso de despreciar a parte de los ciudadanos, responde a turbios intereses para beneficiar y contentar particularidades, si se votase una Ley para que se tuviese que andar a la pata coja, esta podría salir adelante con tal de que sus defensores viviesen todos en la misma circunscripción.

Los candidatos elegidos tienen la obligación de ponerse de acuerdo entre ellos para elegir al Presidente de los mismos y también de acuerdo y según sus porcentajes, elegir al resto de Responsables.

Vendría muy bien que mientras no se pusiesen de acuerdo no cobrasen.

Se hará innecesario realizar votaciones nominales, cuando se vota algo, vota el partido y su voto vale lo que vale su % de representación, con uno que vaya a votar por cada Partido sería suficiente, se evitan desplazamientos y pérdidas de tiempo, más barato y rápido imposible.

Las Leyes, normas, decretos, etc. se elaborarán en la sede de cada partido, que para ello y según cada porcentaje %, los gastos estarán cubiertos por la Administración.

En la CAMARA GENERAL, se expondrán, defenderán y votaran.

La segunda Cámara la llamaré CAMARA REGIONAL, estará compuesta por 4 miembros por cada ZONA/REGION para las regiones grandes y 2 para las pequeñas.

La circunscripción es única, la Región

Para su elección se seguirá el mismo sistema que para la Cámara General.

Quedará por definir estas zonas, las llaman regiones, Land, cantones, autonomías, lo más sencillo es llamarlas ZONAS o AREAS DE GESTION.

Lo importante es dejar claro es que estas Áreas gestionan y ejecutan, pero no legislan.

Funcionamiento: los representantes de cada zona proponen Leyes de aplicación para a su zona a su Cámara y la someten a la aprobación de la misma, una vez aprobadas pasan a la CÁMARA GENERAL para su ratificación.

De igual manera las leyes aprobadas por la CÁMARA GENERAL pasaran a ser ratificadas por CÁMARA REGIONAL, que verificará que ninguna Ley daña de modo particular a una zona.

El sistema propuesto es sencillo, barato, ágil.

El presidente elegido y su equipo tendrá 10 asesores/consultores que lo son por su conocimiento y representación social, véase representantes sindicales, de consumidores, de las empresas, del mundo del deporte, de colegios profesionales, etc.

Este sistema que obliga a los favorecidos por resto de los ciudadanos con su confianza y una buena paga sin doblar el espinazo, recordar que no se trata de coger alcachofas, ni deshuesar jamones, sería ideal para que por una vez se intentase acordar UN PLAN NACIONAL DE INDUSTRIA, OTRO DE ENERGIA, OTRO DE EDUCACION (Sin cambiar de plan cada año o cada gobierno), EL DEL AGUA, DE LA VIVIENDA, y otros asuntos que no son gaitas, pero suenan.

DIVISION ADMINISTRATIVA

Cómo deben ser las Regiones o zonas, lo lógico es que sean funcionales, ágiles, deben llevar al mínimo cualquier trámite, eliminando complicaciones, deben correr los papeles, no las personas, como ya se ha dicho, ejecutan, administran pero no legislan.

El área o zona puede quedar definida por criterios geográficos, históricos, funcionales, para mí el más importante es el económico, el área debe ser la que menor coste proporcional tenga de mantenimiento y mejor servicio pueda prestar a los ciudadanos.

Los representantes de cada zona serán elegidos por un sistema similar al de la CÁMARA GENERAL.

En cuanto a las áreas menores, AYUNTAMIENTOS, deber tener una gran capacidad de gestión como organismo más cercano al ciudadano. Sus edictos, órdenes, presupuestos, etc., deberán ser confirmados por el área superior en la que están encuadrados y de la que dependen.

Si todo el País funciona de la misma manera se evitarán situaciones grotescas como por ejemplo: si hubiera una Ley sobre perros peligrosos, el mismo perro puede pasar de manso a peligroso por cruzar una línea fronteriza, o que si un padre deja en herencia dos fincas, una en cada zona, a dos hijos, uno en cada zona, puede darse que uno no pague casi ningún impuesto y el otro tenga que renunciar a la herencia por no poder pagar los impuestos.

O peor aún, que las matemáticas sea distintas según la zona, o el calendario de vacunación y más y más.

Cada Administración, sea general, zonal o local debe funcionar como una empresa, esto es: Un Presidente, Un Director General (Primer Ministro) y diversos representantes por cada área de responsabilidad, los Ministros.

Director comercial, de Logística, de Compras, de Ventas, Financiero, de Producción, Recursos Humanos, Director de Estructuras, Marketing, Publicidad, Relaciones públicas, Departamento Jurídico, etc., nada de nombres raros para crear puestos nuevos para los amiguetes.

Esto se organiza de forma piramidal, uno arriba PRESIDENTE, tres o cuatro en el segundo nivel (PRIMER MINISTRO Y RESPONSABLES DE GRANDES AREAS), diez o doce en el tercer nivel (DIRECTORES GENERALES, una mínima tropa (SUBDIRECTORES), los demás funcionarios, profesionales y especialistas de carrera. Más decisiones y menos reuniones.

El mismo sistema para Administraciones de ZONA y locales (AYUNTAMIENTOS).

La Financiación de todas las administraciones partirá de la aprobación de un presupuesto general por LA CAMARA GENERAL, en esta se incluye la parte que corresponderá a las administraciones regionales, y será en la CAMARA REGIONAL donde se decidirá el porcentaje que corresponde a cada REGION y por último, cada región hará el reparto entre sus Ayuntamientos.

Con este sistema todos y cada uno de los ciudadanos tienen el mismo tipo de impuestos independientemente del lugar en que residan y posteriormente LA ADMINISTRACIÓN tiene la obligación de repartirlos de justa y equitativamente de forma de igualar las diferencias de todo tipo que se den entre las diferentes zonas.

Ayudaría a bajar gastos de la Administración el unificar servicios, eliminar trámites innecesarios que haría que se necesitase menos personal y menos estructuras, se dan casos de Ayuntamientos de dos localidades que están separadas entre sí por una calle, otras por 300 o 400 metros, o varias repartidas en una zona muy pequeña, bastaría con un solo alcalde y unos cuantos concejales y mucho menos personal para que funcionasen, una única gestión puede surtir efecto en varios sitios a la vez.

IMPUESTOS

De inicio sobra decir que han der ser justos y proporcionados, lo lógico es que se paguen en tres estamentos: LOCAL, REGIONAL y GENERAL y como ya he mencionado anteriormente iguales para todas las zonas y aún más importante, nunca deben ser reiterativos, lo que vulgarmente se denomina pagar dos veces, en algún País esto llega a ser escandaloso, se dan casos como es el que un cónyuge le de dinero al otro, esto se considere donación, no sólo se queda sin el dinero, además tiene que pagarle a un señor (NOTARIO) para que de fe de que se lo ha dado, esto ya no es donación, es asalto legal, y posteriormente debe pagar un impuesto por donación a la Administración.

Como resulta de esta locura, no sólo le ha costado un dinero que es el préstamo inicial, hay que añadirle los asaltos legislativos, y además los dos o tres días de trabajo perdido en ir a que hagan la escritura de donación, ir a firmar la escritura de donación, ir a recoger la escritura de donación, ir a presentar la escritura de donación y pagar a la oficina administrativa preparada para esto.

Casi todas las gestiones en el País a que me refiero son parecidas y después se dice que hay ABSENTISMO LABORAL, lo que hay es mucha tontería para mantener ciertos privilegios.

La Ley natural y por tanto la Ley más justa dicta que uno pueda prestar, dar, regalar, invitar a comer, regalar un viaje, un reloj, a su cónyuge, hermanos y sobrinos lo que le venga en gana, mientras no sea una paliza.

En otros casos, a la desgracia de que uno pierda a sus padre o madre, se le añade una guinda administrativa putrefacta, cruel y vengativa, pues cuando cree que una vez pagados los gastos del entierro, que no son pocos, y tras superar los absurdos trámites para heredar los bienes que dejaron, comienza un calvario en cadena, como si uno se hubiese caído en una charca llena de sanguijuelas.

Lo sencillo sería repartir los bienes según indique el testamento o voluntad del que era dueño de los bienes, el cual ya pago impuestos cuando consiguió los mismos.

Para empezar tienes que acudir a una Notaria a hacer la adjudicación de la herencia, y pagas, como ya se sabe, vas a redactar, firmar y recoger, total tres viajes.

Como esto lo han hecho tan complejo, necesitas una Gestoría que te ayude a desenredar la madeja, y pagas y viajas para llevar papeles, retirar papeles.

Como después tienes que pagar impuestos sobre lo que heredas tienes que preparar papeles y llevar papeles y pagar para que te hagan los papeles y si tienes suerte tendrás que inscribir los bienes recibidos y prepara papeles y pagar y llevar y perder días y días de trabajo.

Como resultado último, resulta que a pesar de que los fallecidos nunca los incluyeron en su testamento, heredan los Notarios, Registradores de la Propiedad, Gestorías, Ayuntamientos con las plusvalías, Agencias de recaudación, etc., etc. En algunos es tan grave que algunos tiene que renunciar a lo que era de sus padres o tiene que desprenderse de la herencia o parte de ella, o pedir un préstamo para tener derecho a la herencia y aquí también pasa a heredar la Banca.

Mención aparte merece lo que se llama contribución, que se clasifica en IBI urbano, industrial o rústico, en cierto País, esto no depende de lo que sea cada bien, más bien de lo que necesiten algunos para vivir desahogadamente y seguir con sus ventajas.

Esto lo organiza una entidad que se denomina CATASTRO, como ya sabemos para lo que sirve, al nombre hay que añadirle la FE que hemos perdido en las instituciones.

Los bienes que ordena y clasifica este CATASTRO son lo que son y no lo que por afán recaudatorio algunos quiere que sean.

Por ejemplo, un trozo de huerta plantado de limoneros es un trozo de huerta plantado de limoneros y si tuviese que pagar algo, debería ser algo proporcional al beneficio que le produce al dueño y no lo que a un pájaro de cuentas le interese, se inventan que es industrial y te cobra un impuesto por ello, o más sangrante aún, se les imagina que es urbano y te cobran más, y cuando dices, mira me ha tocado la lotería y me voy a hacer una casita en mi huerto, el mismo interesado te dice, ojo es urbano, pero no urbanizable.

 Durante este proceso este mal llamado señor de acuerdo con otro mal llamado señor han promovido una urbanización en lo que antes era un parque que ni era urbano, ni urbanizable, o han declarado un zona de huerta con su costoso riego por goteo como zona industrial para hacer un Polígono Industrial que nadie necesita ni ha pedido y así cobrar más.

Mientras tanto el trozo de huerta de limoneros, que sigue siendo un trozo de huerta que lo único que produce son algunos limones, gastos y que se mantiene por respeto a la naturaleza y al legado de los antepasados y que incluso deberían aportar algo a sus propietarios por esto, eso sí sería justo, que los que destruyen la naturaleza paguen un impuesto a los que la mantienen y enriquecen.

Después de este relato de miedo, hay que decir que sería muy positivo que los trabajadores, por ejemplo cobrasen su nómina en bruto y posteriormente se les indicará cuanto se les retiene para Seguridad Social, desempleo, para cada uno de los otros múltiples impuestos y con total transparencia se le indicase y explicase cómo él vive en 60 metros cuadrados, se sienta un sofá destartalado y más que amortizado, come en bares de polígonos industriales y se desplaza en un vehículo con más sellos de la ITV que un club filatélico, los que le cobran y hacen leyes para que les cobren, se desplacen en coches oficiales, se hospeden en hoteles de lujo, veraneen en resort, tengan despachos con sofás de piel y mesas de caoba, les regalen tablet, móviles y ordenadores. Puede ser que estos personajes tengan que ir en coche oficial porque fueron incapaces de aprobar en su momento el carnet de conducir, posiblemente padezcan de hemorroides y precisen sofás cómodos y blanditos, serán alérgicos a los tableros de conglomerado y como la mayoría no podrían soportar trabajar ni a control, ni por objetivos, ni tan siquiera trabajar, o no los contratarían nunca, pues se apuntan a esto de "tú trabaja, paga, que yo ya disfruto".

Se hace pues imprescindible que se publique de forma detallada cómo, quién y en qué se gasta cada euro.

Cuanto menos se gaste en la Administración, menos impuestos habrá que pagar, y si no dilapidan estos más cosas se podrán hacer en beneficio de la sociedad.

Mención aparte, merece el IVA (**I**mpuesto **V**amos **A**rruinados). Mi pregunta es, qué le han hecho las mujeres a los mandamases, para que compresas y tampones tengan IVA, se ve que es un cierto Lujo, más lógica tendría poner un tipo 50 % a los coches de más de 100.000 €, qué iluso, si los mandamases tienen coches de más de 100.000 €, a veces hasta blindados. Lo mismo sucede con el pan y la leche y algún otro bien primordial para vida como EL RIBERA DE DUERO o la cerveza, tampoco serán tantos, lo que se pierda por un lado se recupera por otro, joyas, relojes de lujo, yates, pisos de más de 150 metros, etc. fácil, y sencillo de hacer.

Y lo peor de todo, decir que los impuestos son justos, lo serían se fuesen iguales para todos los ciudadanos, se gastasen justamente y a la misma cantidad pagada le correspondiesen los mismos derechos y servicios.

Por ejemplo un autónomo que paga 400 € al mes en Sevilla tenía que tener los mismos derechos y servicios que uno que paga lo mismo en Badajoz, pues no, el primero llega a Madrid en un abrir y cerrar de ojos, el segundo nunca sabe cuando va llegar y si va a llegar en el mismo medio en el que emprendió su odisea, el tren.

A lo anterior se le pueden añadir, colegios, servicios médicos, bibliotecas, carreteras, comunicaciones,

Lo lógico es que la Administración cobrase los impuestos de acuerdo a los servicios que presta, no se puede cobrar para mantenimiento de autopistas a quien ni las tiene ni puede utilizarlas.

LA JUSTICIA

Anteriormente, en algún apartado, se ha comentado que debe que ser igual para todos, independientemente de los servicios jurídicos que cada uno pueda pagar, no se es más o menos inocente o culpable según se tenga más o menos pasta.

Los Jueces deben estar preparados para distinguir esto, y contar con medios propios para que ni el dinero, ni el poder ni las artimañas influyan en sus sentencias.

Los responsables de administrar la JUSTICIA no deben tener ninguna afinidad con ningún partido político, ni estos nombrarlos, quitarlos, ponerlos a su conveniencia, luego pasa lo que pasa.

Por otra parte la iniciativa popular debe tener acceso a proponer que se hagan leyes justas, es claro que es muy difícil que atraquen o le peguen un tirón a la mujer de un Ministro, o de un banquero, como no se rompa una uña al comprobar como el servicio ha abrillantado la vajilla y quiera demandar al fabricante del lavavajillas.

Hay que preguntar en la calle, que pena se le pondría a un figura que viola, lo graba, se jacta de la heroicidad con sus amigos y lo hace público con su móvil, al impresentable que le pega una paliza salvaje a una anciana tras esperar agazapado en su portal, para robarle un monedero con 20 €. A los que se dedican a vender droga en las cercanías de los colegíos. A los religiosos que abusan de menores, lo ocultan, se arrepienten treinta años después y es entonces cuando sus jefes piden perdón. A los que pegan o tiran ácido en la cara a sus mujeres o las asesinan y a veces incluso a sus propios hijos.

Y peor aún y más sangrante   que hacemos con aquellos, que un vez detenidos estos a los que aludimos, dan lugar a que los medios de comunicación comenten cosas como: sobre el detenido pesaban doce juicios pendientes, siete órdenes de detención, era la cuarta vez que agredía a su mujer, no respetaba las órdenes de alejamiento, había huido varias veces de cárcel, era su novena víctima de violación.

Me recuerda una historia que me contaron una vez sobre el Estanco del Perla. ·Estando éste, moribundo en el lecho de la muerte rodeado de todos sus hijos, fue llamando por su nombre uno por uno a todos ellos y todos le respondieron con respeto y veneración, Padre estoy aquí, a tu lado. A lo que el Perla respondió, enojado y con energía, pero pedazo de insensatos, habéis venido todos y habéis dejado el Estanco sólo."

Para algunos, los que permiten estas barbaridades, no hacen ni legislan nada para remediarlas y evitarlas, carecen de conciencia, guardando las distancias, en cierto modo son cómplices, responsables y culpables .

Es pues necesario un endurecimiento de las penas, un endurecimiento de la vida en la prisión, una Justicia rápida y eficaz, se dan casos de que el que se regenerado, logrado trabajo, formado una familia y normalizado su vida tiene que ingresar en prisión diez años después de cometer su delito, mientras otros reincidentes están en la calle a lo suyo, que es lo nuestro.

Otra cosa que llama la atención es la cantidad de tribunales existentes, Constitucional, Supremo, Superior, de primera instancia, etc. Bastaría con uno que funcionase, con sus distintas especializaciones y uno Superior también con especializaciones para alegaciones, revisiones y lo que fuese necesario si hay disconformidad con la primera sentencia, en definitiva, más económico, ágil y sencillo.

También vendría bien dejar de juzgar bobadas, que cuestan tiempo, dinero y evitan que se haga justicia con seriedad donde es necesario hacerlo.

Es evidente que se hace necesario un cambio drástico, condenas rápidas. De momento, verificada la culpabilidad, y una vez repuesto y restaurado el daño causado, el dinero robado, es cuando se dictaminará el tiempo de sombra, eso sí, de sombra y trabajo, pues es irracional que personas que no han delinquido nunca pasen hambre y duerman en cartones, mientras estos otros disponen de apartamento turístico con vistas.

EL SISTEMA ECONOMICO

Cada País, según sus recursos naturales, su situación en la esfera terrestre, la historia, las circunstancias y sobre todo y más importante la inoperancia, el desconocimiento, la mediocridad y el interés propio de sus gobernantes y amigos del colegio y de lo ajeno, tiene o ha heredado un modelo económico.
Hay cosas que todos saben, algunas están en el refranero popular, como son, no poner todo los huevos en la misma cesta. No poner a la zorra a cuidar el gallinero. No cocinar media gallina y esperar que la otra ponga huevos y otros muchos más que vendrían a cuento.

No hace falta ser muy listo, ni haber estudiado en un colegio de religiosos/as para saber que los pellizcos duelen y la masturbación produce ceguera.

Lo que cualquiera entiende, a veces algún mendrugo también, es que hay que conservar, mantener y mejorar lo que funciona bien y desarrollar y poner en funcionamiento aquello que siendo necesario no se tiene, debiéndose comprar a otros y lo que funciona mal o no funciona pues arreglarlo, noi mirar a otro lado esperando que se termine de fastidiar.

Pongamos por ejemplo un País vive de sus minas de diamantes, que estas representan una parte importantísima de su riqueza, y de pronto, los diamantes pasan de moda y lo que se lleva son los Viajes, de la noche a la mañana, los que trabajan en las minas, la industria auxiliar, los comercios, los talladores, todo al garete y encima el dinero se gasta en otros sitios u otros países, o se regalan artículos de piel y hay que comprarlos a otro País y al precio que nos imponga.

Se hace necesario tener un equilibrio en entre todos los sectores, de form
que unos puedan amortiguar las caídas de otros.

Sencillo, proteger lo que tienes y crear lo que te hace falta.

Carece de lógica apoyar sectores que se dedican a producir biene
innecesarios por el simple hecho de producirlos, en base a interese
especulativos a precios de venta inflados interesadamente.

Es el caso de la vivienda, se edifica y edifica, hay cientos de obras y d
pisos vacíos, si todo va bien el promotor se forra y el cliente qued
enganchado a una hipoteca, los bancos y los de los papeles a vivir que so
dos días. Si va mal, el promotor deja de pagar al banco, a los fontaneros,
la empresa de la estructura, a los del aluminio, etc., se queda con el diner
recibido en señal y monta otra inmobiliaria en CHOLLOLANDIA, el qu
cambió y aprobó el plan urbanístico para facilitarle la promoción se h
asegurado un puesto bien lejos y un chalet bien cerca.

Las pérdidas del banco las cubre el Estado a través de los ciudadanos y lo
perjudicados entran el círculo del gasto en papeles para la misión imposibl
recuperar lo que les han quitado.

Nadie en su juicio se pondría a fabricar más boinas de las que pued
vender, y antes se aseguraría de que puede comprar y pagar el paño, a lo
empleados de su fábrica y todo lo que su negocio precisa y necesita.

EMPRESAS

Los últimos años han demostrado que todo cambia muy deprisa, ahora lo
espabilados lo llaman sistema económico liberal, que viene a ser alg
como lo mío es mío y lo tuyo haré que también sea mío recurriendo a lo qu
haga falta, también me encargaré de que no puedas tener nada, no vaya
ser que quieras lo mío.

Dicen que la empresa ATRACÓN factura una cifra con un porrón de ceros,
da miles de puestos de trabajo, GRANDES SUPERFICIES algo similar
oprimen a los fabricantes, encarecen los productos con márgenes abusivos
pero omiten que el 90 % o más de los puestos de trabajo son d
repartidores, o mozos de almacén, carretilleros, cajeras o reponedores
transportistas, etc., sometidos a salarios mínimos, horarios esclavistas
condiciones extremas, turnos a veces doblados, etc.

Tampoco dicen que no pagan casi impuestos o pagan una cantidad ínfim
para la actividad y negocio que tienen.

Tampoco detallan la cantidad de pequeños negocios que han cerrado, la
familias que han arruinado, bien no dejándoles vender u obligándoles
vender a través de ellos con condiciones abusivas.

Todo esto se ha producido con el visto bueno de la clase gobernante, que ha mirado para otro lado o facilitado el camino a este tipo de empresas, todo en nombre de la libre competencia.

Para jugar una partida a las cartas se supone que cuando se reparte se hace al azar, si de inicio unos cuentan con los ases, reyes, etc. y a otros se les dan los doses y treses, pues DA BUTEM, yo quiero ser de los primeros.

Pongamos por ejemplo que en un país hay una empresa petrolífera propiedad del Estado, por tanto de todos los ciudadanos, si gana, ganan todos y si pierde, pierden todos.

Bien llega el listo de turno y la privatiza o regala a algún amiguete sin importarle si la empresa es de un sector estratégico para el País, que más le da, hay comisiones y chupe, colocaciones con grandes sueldos, etc.

Al cabo de unos años y con este fenómeno repetido varias veces y en varios países, resulta que donde había veinte compañías petrolíferas, tras repetidas fusiones, adquisiciones, absorciones y demás componendas quedan cuatro o cinco, y estas puestas de acuerdo en secreto o por coincidencia de su política y estrategia comercial, venden sus productos al precio que quieren, como quieren y donde quieren.

Otras, cuando quedan sólo cuatro o cinco, crean segundas marcas para aparentar que hay competencia.

Y hay comentaristas de economía en radio y prensa especializada que a esto le llaman Libre competencia.

Hay gente que tiene el dedo pulgar finísimo de tanto chupárselo.

Algo parecido, pero más grave pasa con los Laboratorios Farmacéuticos, pues es la salud lo que está en juego, algunos ya fueron multados por pactar precios.

Yo lo llamaría economía TIBURÓN, miro para otro lado y tú te das el atracón.

Otra figura empresarial condenada a desaparecer, salvo honrosas y especializadas excepciones son las mini empresas, buena y rentables en su momento, familiares casi siempre, pero con capacidad de producción, comercialización y distribución muy limitada, pues bien, su desconfianza a los demás, pues suele haber muchos y muy próximos, su individualismo y ceguera, hace que en vez de unirse para comprar juntos, crear una marca conjunta pare vender en áreas más grades y poder competir, fabricar cada uno un producto para todos, cerrar incluso alguna fábrica, más antigua o menos productiva, compiten entre ellos, se destrozan, tiran los precios, se quitan clientes, de locos.

EMPRESARIOS

Los hay que pretenden y a veces logran obtener el beneficio en sus empresas exprimiendo y explotando a sus trabajadores pagando salarios ínfimos y haciendo uso de Ley, la misma que ellos han impuesto, les permite cualquier atrocidad y tanto los beneficia. Para estos no existe ni la inversión en medios, ni el respeto, ni la investigación, ni la inteligencia, ni proponer nada que sea lógico y por consecuencia más rentable para su empresa.

Estos son los que incluyen sus gastos particulares, vacaciones, obras en sus fincas y casas, salarios del personal asistente en su casa como gastos de empresa, falsificando y adulterando facturas, engañan y defraudan a la Administración y a todos en general.

No digamos nada de los que contratan en negro, vamos que no contratan y a veces luego tampoco pagan, abusan de emigrantes y no emigrantes, de la necesidad imperiosa de comer.

He conocido casos que preferían contratar chicos jóvenes, casados, con familia y con hipoteca, decía que estos soportan todo, cabe mayor vileza.

En otros sitios se ficha la entrada y la salida a la vez, el tema de las horas extras que cambian de color, blancas, negras, habría tema para varias novelas de miedo.

Si fuesen más listos tendrían más beneficios y más consideración.

Por suerte no todos los empresarios pertenecen a este grupo, los hay serios y que no permiten ni necesitan abusar ni exprimir para lograr el éxito.

Por contra, es una pena que las asociaciones que les representa y engloba no tenga ningún interés en distinguir unos de otros.

Es gracioso como algunos políticos y empresarios se oponen a la subida del salario base, a mí me produciría sonrojo y una vergüenza enorme, sentado un sillón tapizado de piel, con una salario de 4.000 € o mucho más, con millonarios planes de pensiones, extras, bicocas, chupe, lisonjas, sobres, y componendas negarle a alguien 10, 20 o 30 € más al mes, hay que tener cara dura.

Algo parecido pasa con la edad de jubilación, cargados de razón abogan que hay que seguir trabajando hasta los 67 o 70 años, en caso contrario el sistema no se mantiene. Más tarde nos enteramos por los medios de comunicación que los mismos, en su afán de colaborar y ayudar a mantener el sistema mandan a la jubilación anticipada y/ o al paro a 4.000 o 5.000 empleados, les sale gratis, si pagan algo lo hacen con cargo a los accionistas de la empresa, o ya se encargará la administración de asumir el gasto.

Las víctimas, a veces por necesidad, otros por interés de ellos y de los que les gustan los trabajadores sin contrato, se hacen BUZOS, se sumergen, así ambos aportan su granito de arena en arreglar el problema del paro.

YO AHÍ LO DEJO (cosas de aquí)

QUE PASARÍA SI......

LAS COSTUMBRES: Qué pasaría si en vez de Halloween, creo que se escribe así, con sus estúpidas calabazas, las hamburguesas grasientas y pollo frito con aceite de ¿?, Viernes Negro, Lunes rojo, y nos meterán también el día de acción de gracias, repito, qué pasaría si mandáramos todas estas simplezas a donde proceden.

Para nosotros todos los LUNES son negros pues termina el fin de semana, los VIERNES suelen ser gloria por el fin de semana próximo. Tenemos Carnavales, Tomatina, Los San Fermínes, las Fallas y miles de fiestas más y mejores. De la comida y bebida mejor no hablar por innecesario, por evidente.

Defender lo propio contra costumbres ajenas e insalubres que lo único que proponen y pretenden es un fácil beneficio económico para otros sin aportar nada válido ni formativa ni culturalmente, lo único que aumenta es su propio patrimonio.

Para que haya un listo se necesitan cientos, miles de tontos y ellos saben dónde están.

FONDO DE GARANTIA FAMILIAR Qué pasaría si en vez de dar lugar a que después de un divorcio algunos padres se nieguen a pasar a sus hijos las pensiones establecidas, o cuando hay un maltrato, el maltratador no conforme con el daño que ha hecho lo incrementa condenando a la pobreza a su familia. Qué pasaría si hubiese un fondo de la Administración que pagase estas pensiones a los perjudicados y cobrase las mismas a los agresores mediante retenciones de nómina o cualquier otro medio legal, " a mí se me ocurren otros ".

LAS CUOTAS Cuando el personal contempla su nómina le tiemblan las piernas cuando observa las cifras que le retienen, IRPF, para pagar el paro, la Seguridad Social, formación profesional, y eso que la mayoría de las veces desconoce la parte que su nómina le retiene la empresa para estos mismos conceptos. Esto es progresivo, pagas más cuanto más ganas.

Más espeluznante es el caso de los autónomos, que pagan una cuota fija, a elegir desde un mínimo, pero da igual si ganan que si pierden, y lo de su paro es como un poco raro.

Que pasaría, si para todos se estableciese una TARIFA PLANA, todos pagan una única e igual cuota, tengan salarios grandes o pequeños, esto daría derecho a misma asistencia sanitaría, farmacéutica, mismo paro, jubilación y opción a plaza en residencia de tercera edad, a cambio de un gran porcentaje de la jubilación, todo en dependencia solo a los años cotizados, con algunas ayudas para casos especiales.

La cantidad total recaudada por el Estado no debe variar demasiado, porque lo que con este sistema se deja de ingresar, se haría con cargo al IRPF, menos para los ingresos bajos, más para los altos y lo que falte para cubrir gastos se hará con cargo a los Presupuestos Generales del Estado.

AL desaparecer las grandes pensiones y grandes prestaciones por paro, la cantidad total a pagar bajaría.

Claro es que a los grandes salarios no se les pueden retener lo mismo que con el sistema actual y darles menos prestaciones, como es lógico pagarían menos que ahora y ya cada uno se haría un seguro privado de paro, sanitario, fondo de pensiones, lo que desee, a gusto del consumidor y de sus queridas empresas privadas.

En las nóminas, que pasarían a tener solo 12 pagas, una por mes, deben entenderse mejor que el recibo dela luz, se reflejarían muy pocos conceptos: Salario bruto (fijo, primas, bagatelas, antigüedad, etc., detallado), parte que se le retiene para asuntos sociales que es una cifra fija e igual para todos y IRPF que será variable y al final el NETO.

RACIONALIZACIÓN   No estaría mal poner un poco de lógica en algunos pequeños detalles, usar el sentido común y llevar a la normalidad y a la razón determinados asuntos, así por ejemplo, que pasaría si….

Las *rotondas*, en vez de tener en centro una ornamentación dañina para los ojos y la cartera de los contribuyentes, no así para los que las hacen y los que las mandan poner, les debe deleitar su visión, pues esto que es absurdo, inútil e innecesario, incluso impide a veces ver con claridad los vehículos que se aproximan. Tan difícil resulta por una vez no hacer nada, dejarlas diáfanas, pintadas de un color llamativo, y un poste en centro con un número arriba, que indique orden, situación, algo lógico, así se sabría donde se está y cuando haya un accidente, pasar a su anterior a los vehículos accidentados, atender mejor a los posibles heridos, facilitar acceso de ambulancias, grúas, etc. sin provocar atascos innecesarios.

Las *Elecciones*, si en vez de realizarlas cada cuatro años, un día las generales, otro las municipales, otro las autonómicas, se llevasen a cabo cada cinco años y todas a la vez, se ahorraría tiempo y gastos, esto nos puede interesar a los ciudadanos pero no creo que les interese a los políticos, que iluso, pensar que a los políticos les interesa lo mismo que le interesa al País. No digamos nada sobre a las personas que se les obliga a estar en las mesas electorales, puede coincidir que le toque a un camionero que ha estado toda la semana de gira turística por Europa, o un pescador que vuelve de un crucero, y lo que necesita es descansar, o una cajera de un supermercado que no libra los sábados y el domingo y no todos ellos, es su único día libre, y así podrían citarse múltiples casos de esforzados trabajadores.

Tan difícil resultaría sentar en estas mesas a voluntarios, prejubilados de la banca, parados y necesitados económicamente, se ganarían unos euros y algún bocadillo y café.

Si la _hora nacional_ fuese la que tiene que ser y no la de Alemania, en la actualidad si se explicase a que razón corresponde este capricho, la corrección no creo que disgustase a nadie, es la que nos corresponde por nuestra situación en esta pelotita que se llama Tierra.

Si _las fiestas_, se ordenasen, si son doce más dos al año, no es más razonable poner de las doce una cada mes, y las otras dos cuando haga un tiempo más confortable o ateniéndose a la tradición, y si ya se ponen el primer lunes, y las otras dos en viernes miel sobre hojuelas, nadie se perjudica y casi todos salen ganando, y dado que es más lógico celebrar el día de la amistad, el de la solidaridad, del amor, de la familia, de los ausentes, del respeto y otros temas intrascendentes, no creo que ningún santo, si verdad es santo, se moleste por esto, a nivel privado, cada uno puede celebrar lo que quiera, pero no veo la necesidad de imponérselo a los demás, son ganas de molestar tontamente.

Si los _nombres de calles, hospitales_ y otros centros atendiesen a criterios lógicos, no caprichos, razones particulares, con tanto rey, marqués, infante, duque, santo, etc. se dan casos de repeticiones, y si se cambiase a República me da fiebre pensar en el gasto de rótulos nuevos, callejeros, tarjetas de visita y demás componendas. Qué pasó con nombres olvidados, sencillos como Central, General, Principal, geográficos como del Mar, del Valle, o ponerles Hospital de la ciudad y zona, que tal suena, Madrid Zona 1, o Sevilla Norte 1, y las calles tener un número, como Avenida primera, segunda, etc. y o cosas similares.

Si _las vacaciones_, en vez de centralizarlas en los meses de Julio y Agosto, se repartiesen de un modo más acorde a las necesidades de descanso de los cuerpos y al disfrute de toda la familia, evitando la paralización de la sociedad y la administración durante esos meses. Se podría repartir una parte en vacaciones de Invierno (una semanita), Primavera (otra semanita) y Verano (dos semanitas).

Con todas estas cosas se conseguirían ahorros no muy importantes por su cuantía, pero sumado uno al otro y poco a poco la cifra pasaría a ser importante, no cuestan nada a nadie, otra cosa también fácil es reducir algunos sueldos, o prescindir de los prescindibles, los que cobran sin hacer.

LOS CONTRATOS Que pasaría si en vez si en vez del PUZZLE existente y los abusos actuales se pasase a algo tan sencillo como como UN CONTRATO UNICO, donde se indique: Lugar de trabajo, puesto para el que se contrata, categoría correspondiente, sueldo bruto, retenciones, sueldo neto, duración del mismo, horario de trabajo, variaciones por trabajos extraordinarios, horas extras, turnos, festivos, etc.

Estaría prohibido y penalizado contratar los lunes para despedir el viernes, despedir a los 9 o 10 meses y volver a contratar a la misma persona 3 o 4 meses después, el empleado se paga las vacaciones y la ciudadanía le paga el paro, y tan frescos, a repetir el ciclo.

Hay casos aún más graves, a veces el mismo trabajador, con el mismo puesto de trabajo, el mismo sueldo, en las mismas instalaciones, sin cambiarse el rótulo del mono, trabaja consecutivamente para tres empresas, del tipo HERMANOS TACATACA S.L. , TACATACA HERMANOS S.L. e HIJOS DE TACATACA, S.L. después a la calle y vuelta a empezar.

Las oficinas de empleo no emplean a nadie, de ello se benefician las denominadas ETT, las empresas les pagan con parte del sueldo que tenían que abonar al trabajador y ellas hacen la selección.

Yo creía que la palabra temporal se refería un trabajo que sólo es necesario en una época del año, por ejemplo, hay melocotones mayo, junio, olivas en diciembre, enero, o antes si son para verdes y no para aceite, turismo en las playas en julio y agosto mayormente, y en la nieve cuando nieva, pero latas de conserva se fabrican durante todo el año, y cerdos se sacrifican todos los días y envases de plástico, etiquetas, etc. en muchos casos de estos en tres turnos, mañana, tarde y noche, ¿ dónde está la temporalidad?, y dónde el descaro y el abuso.

Y las MUTUAS para qué sirven, para pagar dos veces un servicio médico, la verdad que sólo es una, a mí realmente me merece más confianza un Cardiólogo de la Seguridad Social, con sus años de MIR, su especialización, su formación en un Gran Hospital que un señor, titulado también, en qué Universidad de pago , el título convalidado o no, incapaz de aprobar el MIR, que cuando tu médico te ha dicho, has sufrido un infarto Leve, pero infarto, tú médico que le pagas tú, tu País y tu Empresa, este señor, presionado por quien le paga, por la empresa para la que trabaja el enfermo, por su osadía y su desconocimiento se atreve a decir "eso no es nada, en siete días puede y debe usted incorporarse a su puesto de trabajo"

Un gasto, una lástima.

BANCO NACIONAL   Que pasaría si se crease un Banco Nacional que atendiese al pago de nóminas de funcionarios, pago de pensiones, subvenciones oficiales, becas, ayudas sociales, pagos a ONGS, pagos entre administraciones, cobro de impuestos, préstamos para viviendas sociales, todo lo relacionado con el Estado y la Administración , esto claro es, sólo para los ciudadanos que así lo deseen.

Para que se dé el caso como ocurre ahora, ejemplo, si me depositas 50.000 € no te doy nada y te cobraré por guardártelos, luego te mando un e-mail diciendo que si quieres te conceden   un préstamo al 4 % o 8%, alucinante si me lo guardas me cobras, si te lo guardo te pago, o proponerte un producto, le llaman, vamos una inversión, en la que tú corres con todo el riesgo y ellos ganan siempre, ingenuo de mí, yo creía que los negocios deben ser para dos, para las dos partes. Si tan interesante y tan beneficioso es y con el dinero que tienes por qué no lo haces tú solo sin darle parte a nadie, a ver si es que me ocultas algo, "eres un cachondo, tu tenías que estar en la cárcel.", será mejor que algunos ahorros se les facilite estar en poder del Estado y con ellos, por ejemplo, se financien las obras públicas, las viviendas sociales, la Sanidad.

LA VIVIENDA   Que pasaría si en vez de abusar, especular y a veces vender viviendas sociales o municipales a fondos Alimañas, se optase por los Ayuntamientos a comprar o recuperar estructuras abandonadas, o urbanizaciones medio construir, hay casos que claman al cielo, esto se podría hacer de forma progresiva, acometiendo una parte cada año, se podrían terminar mediante EMPRESAS MUNICIPALES DE CONSTRUCCION, COOPERATIVAS,   PRIVADAS MEDIANTE CONCURSOS CLAROS, NO DE AMIGUETES, o algún ente similar. Estas viviendas, una vez terminadas, según sus características, podrían alquilarse a estudiantes, ciudadanos con pocos recursos, casas de acogida, residencias de ancianos o estudiantes, etc.

También podrían venderse a un precio razonable, no hay que olvidar que nunca serían pisos de lujo. Los interesados, tanto en estos casos como en obras nuevas podrían adquirir este tipo de vivienda social, apartamentos y casas, entre 50 y 100 metros cuadrados, de 1 a 3 habitaciones, con pasillos y puertas que no fuesen de cartón piedra, ni vibrasen al estornudar, o se abriese la de acceso a la vivienda cantándole una ranchera, que pudiera pasar una silla de ruedas, o un mueblecito. En el caso de obra nueva, cada Ayuntamiento podría crear sus zonas de crecimiento ordenado, e ir construyendo según necesidad por peticiones previas, e ir dotando de servicios estas áreas, estos pisos no se podrían vender en el mercado normal de la vivienda, cuando el propietario necesite o quiera venderlos deberá hacerlo al Ayuntamiento.

Qué pasaría si además de las ya mencionadas puertas , los ascensores no se conformasen con subir y bajar, con eso ya se cuenta, y si pudiera caber una camilla, con su enfermo, sus dos camilleros, sin que ninguno de los tres tuviera que hacer el pino, ni posturas de yoga, bajar los muertos de pie o cabeza abajo, según maña.

Las duchas al ras del suelo, con pie de ducha y no bañera, cuantas se quitan recién puestas para cambiarlas, así se vende dos veces lo mismo, cuando se tiene una edad o un peso no se está para el salto de pértiga.

Y si se pusieran los enchufes y llaves suficientes, sin tener que llenarse las casas de prolongadores, más ladrones, cables y cables, etc.

Y si los azulejos estuviesen pegados a la pared con firmeza y no con engrudo, y el aluminio de puertas y ventanas un poquito más grueso, sólo un poquito en vez de hacerlo con envases vacíos de medicamentos.

Y si las plazas de Parking tuvieran las medidas necesarias para dar cabida a los coches actuales, sin tener que salir de los mismos por el techo o el maletero.

Y si los Ayuntamientos, políticos, concejales, técnicos, ya que se cobra por otorgar las licencias, se tomaran la molestia de inspeccionar las obras, verificar que se cumplen las memorias sobre calidad. Si además se hiciese una legislación adecuada, adaptada a las necesidades actuales y de los paganos moradores en vez de al capricho y enriquecimiento de promotores y constructores.

Se puede entender y comprender la importancia del cafetito a primera después de fichar, y del segundo durante o después del almuerzo a media mañana, incluso en casos extremos a la lectura del periódico, o al aperitivo.

Resumiendo, si hubiese una legislación seria y preocupada por el bienestar del que paga, en controlar al que promueve y construye, y si el que tiene que hacer ambas cosas se levantase de la sillita y se pusiese a trabajar.

En cuanto al préstamo hipotecario, si le hiciese falta a comprador, se lo facilitaría El Banco Nacional, en caso de impago, el piso vuelve al Ayuntamiento. Para estas transacciones se hacen innecesarios Notarios, Registradores y demás beneficiados colaterales, bastaría con un sencillo registro municipal.

Que diferencia, verdad, que pasaría, si por ejemplo cuando los bancos se arruinan por tener muchas hipotecas impagadas, en vez de regalarles el Estado una millonada de euros con costa de la ciudanía, quedándose ellos con el dinero de todos, el dinero que antes del impagado había pagado ya el hipotecado, la casa objeto de la hipoteca, vamos con todo., repito que pasaría si el dinero en vez de a los bancos, se le prestase al hipotecado, este le pagase al banco y quedase deudor del Estado, y la vivienda sujeta a dominio del estado, al que el desafortunado podría ir pagando mediante retenciones de su nómina o pasar a un alquiler social perdiendo la propiedad, pero teniendo un techo que no sea el de un puente, y un colchón mejor que un cartón.

SERVICIO A GRANEL Ahora está muy de moda el evitar el consumo de plásticos, sobre todo aquellos que son absolutamente innecesarios. Qué pasaría si en Grandes superficies y grandes cadenas de Supermercados, se dispusiese de los adecuados contenedores, depósitos, con capacidad por ejemplo de 1.000 Litros, con un sistema de servicio y dosificación para llenar de forma limpia y sencilla envases de 1 litro., envases previamente vendidos por cada centro, identificados, con sus instrucciones y modos de uso y que se indique claramente "RELLENABLES o REUTLIZABLES", este sistema sería válido, entre otros para gel de baño, champú, jabón líquido, lavavajillas, friegasuelos, suavizante y detergente para ropa, etc., siempre que no sean de uso alimentario, ni peligrosos.

Pues no pasaría nada, bajaría el precio.

LAS COOPERATIVAS En múltiples ocasiones hemos oído lamentos por parte de los consumidores o de los productores agrícolas en referencia a la gran diferencia que hay entre los precios iniciales de origen y los finales de venta al consumidor.

Después en los medios de comunicación aparecen los Representantes de las cadenas de Alimentación, justificando esta situación por los altos costos del transporte, gastos de distribución y acondicionamiento, etc. etc.

No convencen a nadie, pero como no se toman medidas, pues a seguir chupando del bote.

Pocos quedan ya con el dedo fino, quien más quien menos, a poco que sea un algo curioso, tenga de experiencia comercial, o este simplemente en el mundo, sabe el costo de un camión isotermo del Mediterráneo a Merca Madrid, o los precios de origen en Lonja, lo que gana un reponedor en una Gran superficies ,etc.

Hay un cuantioso número de Cooperativas en todos los sectores, agrícola, lácteo, cárnicas, envases, transporte, aceites, incluso alguna de venta final.

Qué pasaría si estas cooperativas, puestas de acuerdo pusiesen en marcha una cadena de supermercados o comprasen o asociasen a una ya existente, podrían vender más barato y repartirse los beneficios, de inicio todos sus trabajadores ya serían sus clientes.

Y si cansados, de mal vender sus productos a estas Grandes Cadenas, que luego se los revenden a ellos mismos con márgenes salvajes, qué pasaría si de forma gradual y ordenada pasasen a comprar acciones de estas, por lo menos participarían poco a poco de este sistema tan injusto.

MENOS PAPELES/MENOS GASTOS   Qué pasaría si en vez de estar para arriba y para bajo, una y otra y otra vez, con escrituras, al Notario, al Registro de la Propiedad, al Catastro, la Agencia Tributaria, la Gestoría, el Ayuntamiento, perdiendo el tiempo, días de trabajo, dinero, es un no parar y pagar agotador.

Que pasaría, si cada bien, una casa, una finca, un coche, tuviese una FICHA DE PROPIEDAD,   identificativa donde se indicase, descripción, referencia catastral, valor inicial, límites , propietario y todo tipo de datos que deban figurar en la misma.

La ficha está en poder del propietario del bien, si vende el bien, pone en la misma los datos del comprador y el importe de la venta, se lleva al Ayuntamiento al registro creado para esto, se sella y la ficha pasa al nuevo propietario, que este necesita un préstamo, una hipoteca, se refleja en la ficha y esta se la queda el banco, que se paga la hipoteca, se refleja en la ficha y se le devuelve al propietario. Este sistema sería también válido para herencias, bastaría con ir al Ayuntamiento, con el Testamento, las fichas y el reparto pactado de antemano.

Fácil, sencillo y económico.

MERCADO COMÚN/DUDAS   Miro a mi alrededor y veo BOSCH, BASF, BAYER, VOLSWAGEN, CARREFOUR, ALDI, LIDL, MERCEDES, BMW, SIEMENS, RENAULT, PEUGEOT, NIVEA, DECATHLON, MEDIAMARK y otras muchas marcas y empresas alemanas y francesas.

Miro a mi alrededor y veo toneladas de plásticos de invernadero, kilómetros de tuberías de plástico para goteo, envases vacíos por doquier, recursos hidráulicos agotados por sobre explotación , contaminación por uso desmedido de agroquímicos e insecticidas, emigrantes explotados viviendo en condiciones infrahumanas, en casas abandonadas, en casas de chapa, sin luz, sin agua.

Miro a mí alrededor y veo muchos camareros, jornaleros, limpiadores y limpiadoras, repartidores, mozos de almacén.

Qué pasaría si la situación fuese a la inversa, hubieran querido estos países permanecer al Mercado Común. Hubieran querido hacer los trabajos de menor consideración y que otros se llevasen los beneficios, no sé, no sé.

ESPACIOS VACIOS   Con profunda tristeza se observa como pueblos preciosos, con paisajes fantásticos, ciudades llenas de historia y belleza, poco a poco han ido quedándose desiertos, vacías, agonizando, todo ello provocado por una política demográfica y económica interesadamente maligna para favorecer la especulación, el negocio urbanístico, los desplazamientos, los gastos en combustible, una política consistente en crear ciudades monstruosas, ciudadanos en latas de sardinas con ruedas, una espiral que una vez iniciada es imparable, pues todo tiende a concentrarse, a quién no le interesa la solución, a los del combustible, a los del motor, a los constructores, a los que prestan la pasta para engrasar el sistema.

Qué pasaría, si llegado a un número de habitantes ya no se diesen licencias de obra nuevas. Si cuando se solicita poner una fábrica se impide que esta se instale por ejemplo en Madrid, Barcelona, Valencia... estando otras provincias en muy buena situación geográfica.

Qué pasaría si los organismos oficiales se repartiesen por todo el territorio.

Qué pasaría si hubiese interés en que todas las zonas gocen de los mismos medios de comunicaciones y no al contrario, si se dejase de argumentar que no hay estructuras porque no hay necesidad, en vez de decir no hay necesidad porque no hay estructuras. Qué le pregunten a los Extremeños, si se primase la línea recta en vez de la quebrada.

Si para tener cobertura telefónica en algunos pueblos o un buen acceso a Internet no fuese necesario subirse al campanario de la Iglesia y saltar a la pata coja mientras en una mano se sujeta el móvil y en la otra un paraguas.

Qué pasaría si se primase el establecerse en estas poblaciones con beneficios fiscales, sociales y otras ayudas.

LA JORNADA LABORAL   Por suerte o por desgracia, es disfrutado de muchas jornadas laborables, la mayor parte de ellas innecesariamente interminables y no por ello más productivas, todo lo contrario absurdamente prolongadas, bien por costumbre, por capricho o por mediocridad y falta de preparación de los propietarios y directivos que me ha tocado sufrir.

Qué pasaría si en todos aquellos trabajos que se pueda aplicar la jornada intensiva si hiciese, con el horario adecuado, si no hubiese que desplazarse tontamente a hacer algo que puedes hacer desde casa.

Pues no pasaría nada, todo lo contario, bajarían a la mitad los desplazamientos, se ahorraría al no tener que comer fuera de casa, se descongestionarían las carreteras, el transporte público, bajaría la contaminación, se tendría más tiempo para la familia, para el ocio.

Si esto no se lleva a cabo es porque no le interesa a alguien. Yo no conozc
a ningún trabajador que disfrute o tenga interés en empezar a la 9 de l
mañana hasta las 2 de la tarde, comer un bar o cafetería, bien en u
polígono industrial o en la ciudad, desesperarse hasta que den las 4 par
terminar a las 7 u 8 de la tarde y llegar de noche a su casa con todo y
cerrado y sin ganas, ni humor ni tiempo para ir a ningún sitio. Tampoc
conozco a nadie que disfrute cogiendo cuatro veces al día el mismo medi
de locomoción o el mismo atasco o la misma caminata, con dos ya e
suficiente.

LAS TELEVISIONES   Actualmente es una barbaridad la cantidad d
cadenas de televisión que se pueden disfrutar, tanto públicas com
privadas, todo ello para poder gozar de la incansable repetición del mism
programa, tanto en unas como en otras, pobre de ti como tengas algo d
memoria, en algunas series de naturaleza, hay bichos, como alguna gacel
o ñu, que ya han sido muertos y devorado por la misma leona un puñad
de veces, que fortaleza y que constancia la suya.

O esas series que lo protagonistas siempre tienen 20 años mientras que t
te vas arrugando y vas cambiando de gafas si las quieres ver bien.

Y ese cúmulo de televisiones autonómicas de ínfima calidad, puestas a
servicio de los políticos de turno, con más pérdidas que enchufados, que y
es decir, con programas que tienen el mismo interés que un reportaje sobr
la vida sexual de los mejillones.

Qué pasaría si las televisiones autonómicas fuesen de pago, eso m
gustaría saber a mí, cuantos soltarían la mosca, no quieres, pues toma.

Qué pasaría, si dentro de lo que es de lógica, hubiese una nueva caden
nacional con emisión en todas las autonomías, con conexiones
desconexiones según convenga, produciendo y contratando programas d
calidad en conjunto por todas y para todas, sencillo, ahorrativo. Una gra
economía y servicio.

EL MANIFESTODROMO   En una de las varias mudanzas que me he vist
obligado a realizar, para poder seguir trabajando, vamos por motivo
laborales, llevaba mi gran utilitario lleno de trastos dentro y fuera de
maletero, tras dar un sinfín de vueltas, pues casi todas las calles estaba
cortadas por motivos procesionales, después de un laberíntico trayecto
bien lejos de mi domicilio pude aparcar, casi en el pueblo de al lado
preocupado por lo visible y expuesto de mis queridas y escasa
pertenencias, mi Televisor, mi equipo de música, emprendí a pie el camin
hasta el deseado hogar, cual selva amazónica, fui librando multitudes con e
culo pegado a la pared en muchos trayectos, tenían tomadas las calles
personas y gradas ocupaban todo el espacio, incluido la puerta de acceso a

parking, iluso de mí, me quedaba la vana esperanza de volver a mi coche, esperar dentro y que una vez terminada la algarabía, se despejaría la calle y tendría acceso a mi parking.

No y cien veces no, enojado por la situación me dirigí a un agente de la autoridad, este con bigote y gorra altanera, y le pregunté como a me habían hecho esto, que yo no podía dejar mis cosas a libre disposición de los que tenían que estar ellos vigilando en vez de disfrutar del multicolor espectáculo, qué pasaría si una señora se ponía de parto a un ciudadano le diese un ataque al corazón, como podrían salir de la ratonera o como podría entrar una ambulancia, realmente no lo sabía, pero contestó ufano," señor, no se preocupe para esos estamos nosotros" , lo que me pudo alegrar oír su respuesta, le repliqué " entonces no le importaría a Vd. y sus compañeros que están ahí mismo con los brazos cruzados, echarme una mano, entre todos en un solo viaje descargamos y acercamos mis cosas."

No y cien veces no, casi me da un pescozón, divina autoridad.

Tome resuello y después de varas horas y múltiples juramentos irreproducibles terminé la auténtica MISÓN IMPOSIBLE, con los brazos como chicles, la espalda corva y más negro que un túnel de noche y que conste, esto no es una película.

Esta situación le he tenido que sufrir incontables veces a lo largo de mi vida, llevarle por ejemplo la compra a mi madre, y tener que aparcar en un par de kilómetros alejado y luego, cual safari portar los bultos en dos o tres expediciones.

O volver a casa cansado tras un largo viaje y tener que echar una partida al laberinto con la Policía Municipal, esperar dos o tres horas en el coche hasta que despejase la situación y disfrutar de las zapatillas.

Todo esto es muy agradable, incluso sano, pero ya empieza a cargarme, así que dándole vueltas a la cabeza, sin girarla mucho, me dije EUREKA, ya esta:

Qué pasaría si se hiciese un **MANIFESTODROMO** a las afueras de la ciudad, con sus gradas, sus pistas para los manifestantes, su parking, sus bares, tiendas, megafonía, todo tipo de servicios.

Se imaginan, en la pista los manifestantes con sus pancartas, en megafonía entusiastas gritos reivindicativos, en las gradas familiares y amigos dotados de menos movilidad o con problemas en los pies, en el palco los políticos contra los que se dirige la manifestación, o los empresarios de turno, la parte reclamada, y en los altavoces suena, "Esta manifestación por un salario digno, pues mínimo es siempre, ha sido promovida por la PTD y la TST, y la patrocinan refrescos MATAROLA y

Colchones LAPLANA", incluso se podían televisar, los locutores pie de pista entrevistar a reclamantes y reclamados.

Por fin libres de interminables y matutinas jornadas de la bicicleta, de la maratón, media maratón y cuarto y mitad de maratón, las procesiones, menos mal que sola las monta una religión, si los budistas, islamistas, los naranjas del Hare Krishma y las muchas más existentes hicieran cada una la suya, derecho tienen. Del el día de apoyo a esto y lo otro y lo demás allá.

Por fin la ciudad libre a disposición de la mayoría ciudadanos y no de minorías caprichosas.

Yo ahí dejo la idea, la obra pública puede dejar muchos beneficios e interesantes comisiones.

LA EDUCACION   Que pasaría si en vez de estar cambiando los programas de estudio cada Legislatura a capricho del avispado de siempre, se hiciese un plan único con vigencia para 5 o 10 años, con las lógicas revisiones y forzosamente acordado por todos.

Y si en el programa se estudiasen de forma seria las materias que pueden ayudarte de comer en el futuro, como Matemáticas, Inglés, informática, etc.

Si se enseñase a escribir, a hablar correctamente, si se enseñase educación y respeto, a llevar una vida sana e higiénica ,para el resto de materias, como hípica, la natación, el ganchillo, la flauta, el ballet, ya existen locales preparados para ello, Iglesias, Gimnasios, Hipódromos, Sinagogas, etc. esto ya cada uno a su gusto se lo va organizando como más le convenga y la hora que mejor le convenga, como se decía en mi época juvenil, " Cuando hay más de cuatro cada uno fuma de su tabaco.

Y todo muy libre, tanto los que carecen de medios como los pudientes, han de poder el elegir el colegio que quieran con absoluta libertad, les guste o no a quien gobierne o sea titular del colegio, los que carezcan de medios , gratis, los que tengan medios pagando según sus medios.

Quien quiera extras se los paga.

Qué pasaría si en vez de obligar al cambiar los libros cada año, sin que haya cambiado la materia, los afluentes de los ríos por la izquierda no se pasan a la derecha así como así, un político puede, pero un rio no. De momento hasta ahora Burro se escribe con B y Vino con V, se abusas de la V, te puedes caer de la B.

Qué pasaría si al empezar el curso se le diesen libros nuevos a cada alumno y al terminar se le recogen, y quien rompe paga, cada cinco años o según su estado se pueden ir cambiando.

No digo ya, si les prestase un ordenador, quien rompe o pierde paga, todas las materias caben en un buen pen drive, o disco duro externo y conexiones con profesores desde casa para aclaraciones, dudas, etc.

Luego la <u>Formación Profesional</u>, pocos conozco que se hayan preparado en una materia y hayan logrado trabajar en algo relacionado con los misma, esto cuesta una gran cantidad de dinero y sirve para bien poco, aparte de aparcar por dos o tres años a una juventud a la fuerza poco entusiasta.

Que pasaría, si se fuese a clase por las mañanas, tres o cuatro horas y luego prácticas pagadas en una empresa relacionada con lo que se estudia, pagadas por la empresa y a la empresa y vigilando para que aprendan y no sean utilizados como mano de obra barata, antes se llamaban aprendices.

De esta forma no veríamos a los que han estudia administración repartiendo comida china, a los que han estudiado algo de electricidad especializándose en paquetería, los de mecánica de reponedores en una gran superficie, y así hasta el aburrimiento.

LOS CARNETS Qué pasaría si en vez de llevar la cartera a reventar, o los bolsos llenos de plásticos, si tuviese un solo carnet, esto es, en el mismo figurar el actual DNI, el tipo de carnet de conducir y la tarjeta sanitaria, un poquito de imaginación por favor, incluso podía llevar un código de barras, o los más modernos de cuadraditos, monísimos.

Sencillo, según proceda, y por personal autorizado y cualificado podría verse el historial médico, las sanciones de tráfico, datos fiscales, etc. Tan difícil es.

LAS ESTRUCTURAS Que duda cabe que las estructuras, el desarrollo equilibrado de las mismas son fundamentales para el País, sin privilegiar a unas zonas respecto a otras por intereses en muchos casos, por dejadez en otros.

Lo natural y lo que dicta el sentido común es que estas sean propiedad del estado, mientras la explotación de las mismas se haga de modo privado o por el estado cuando sea imprescindible.

Es fácil adivinar que para cualquier empresa privada es una golosina una línea de alta velocidad Madrid- Zaragoza- Barcelona o Valencia-Barcelona, o explotar el aeropuerto de Málaga, Palma de Mallorca, perfecto, concédase, y vigílese las tarifas, pero se ha tener en cuenta que si ninguna Compañía quiere hacerse cargo de líneas minoritarias, autopistas de baja circulación y por tanto poco rentables, la cuota que paguen por lo que les interesa deberá cubrir el costo de aquello que desprecian, con ases y reyes todos jugamos al póker, no es válido es que se quieran los servicios rentables y los necesarios pero no rentables se dejen al Estado.

Así se evitaría que algunas zonas de por sí ya abandonadas no tengan cobertura telefónica, ni fácil acceso a Internet y otros servicios más o menos esenciales.

MI PROVINCIA   Digamos que en mi caso es Murcia, aquí todavía siguen siendo válidos los viejos refranes, como: "Mata al Rey y vete a Murcia" y otro que no es válido aunque si más conocido.

En esta tierra, se han producido y visto, se siguen produciendo y se producirán auténticas atrocidades y salvajadas ecológicas, urbanísticas, y de estructuras en comunicaciones.

Sobra comentar la ex- bahía de PORTMAN, benditas minas que trajeron trabajo mal pagado, lodos contaminantes, silicosis, posterior ruina, emigración y abandono, eso si algunos listos se forraron, y si ahora con el dinero de todos se recupera en una parte o en todo, los mismos listos u otros nuevos se volverán a forrar y para ello moverán o se moverá el que sea necesario para ello.

Lo del MAR MENOR y LA MANGA, pensar que llegué a conocer la zona sin edificios y sin contaminación, ahora es pura ruina natural, edificación sin control, accesos imposibles, el caos veraniego, unos lo facilitaron, otros se beneficiaron y otros miraban para otro lado.

Partieron el paseo marítimo de CABO DE PALOS, haciendo un puerto dentro del pueblo en vez de hacerlo en el mar.

Una de las últimas, que no la última es restringir en verano al acceso a CALBLANQUE. Las familias de los pueblos vecinos que antes acudían en sus coches los fines de semana con sus familia a esta maravillosa playa, instalaban sus toldos, pasaban el día en ella y antes de volver a sus hogares limpiaban y adecentaban su playa pues volverían el próximo fin de semana, su playa repito, de ellos y no de la Comunidad Autónoma, ni del Ayuntamiento, si por estos fuera estaría ya construida. Los mismos ahora tienen que dejar su coche lejos, pagar un autobús lanzadera, si van con tres críos y la abuela, sábados y domingos, julio y agosto, total 120 billetitos más o menos, mientras otras personas que son o no de la zona, salen en su barco, yate, moto de agua, etc., van quemando combustible dejando olor a gasolina, haciendo un ruido insufrible, aceite de lata de mejillones en escabeche, sembrando detritus, botes de cola y cerveza, se plantan delante de los primeros y les sale de gratis.

Bastaba con un poco de vigilancia, orden y control.

No digamos nada de las repetidas inundaciones de cada año, en los mismos sitios, las mismas tragedias, drama y ruina moral y económica, las mismas declaraciones vacías de los políticos, así un año y otro, casas anegadas, muebles y electrodomésticos para la basura, pólizas del seguro más caras, carreteras cortadas, ramblas que arramblan con todo a su paso, alcantarillas atrancadas. LO QUE SE REPITE CADA AÑO NO ES EXCEPCIONAL"

Y los trenes, los pocos que hay de cercanías, viejos y lentos, una sola vía. Los de lejanía peor y cuando con poco se podría hacer una línea MURCIA-ALBACETE-MADRID, bien con trenes rápidos o con el AVE, se hace una ruta turística por Alicante Y Castilla La Mancha. Qué remedio, seguiremos yendo a Albacete en coche y en AVE el que pueda pagarlo hasta Madrid.

Autopistas que no van a ningún sitio y se estropean antes de dar servicio, otras con varios peajes en poquísimos kilómetros, otras tan caras, como la que une La Roda con Madrid, o la que va Almería, que prestan un servicio mínimo, y como se dice "Para este viaje no hacen falta alforjas".

Un moderno Hospital al que a los pocos días de su inauguración le estallaban las lunas de cristal, y ha estado o sigue estando, decorado con preciosos andamios durante años, o parte de su suelo se adorna de indelebles y extensas manchas, si lo de los cristales es "por la calor", era fácil suponer que no está en la Antártida, "cerebros haiga de más relumbre" y el suelo, basta con hacer una prueba en una loseta, pero no de las que están en el suelo.

Seguro que me dejo infinitud de asuntos por tratar, a esto nos ha traído todos saben quién, donde están ahora y donde estarán en el futuro y lo más triste es que como mi provincia hay muchísimas más.

INDICE

LA JUSTICIA

EL SISTEMA ECONOMICO

LAS EMPRESAS

EMPRESARIOS

YO HAY LO DEJO:

Las costumbres

Fondo de Garantía Familiar

Cuotas

Racionalización

Mercado Común/dudas

Espacios vacíos

Ficha Registro de bienes

Jornada Laboral

Las televisiones

Manifestódromo

La educación

Los carnets

Las estructuras

Mi provincia